Knaus

K

ALEX CAPUS

# BEIM NÄCHSTEN BUCH WIRD ALLES ANDERS

KNAUS

«To be a writer is a wonderful job – you do whatever you like all day long, there´s no hard labour involved, and best of all, you don´t need any particular skills. You make hell of a lot of money just with a little typewriting now and then, you get invitations to Rome and Paris all the time and thousands of beautiful young women all over the world are madly in love with you. I wonder how people can choose not to be a writer. But then, competition would make it very much harder – so don´t tell anybody!»

*Timothy Wallace Stanton, London 1932*

# DICHTUNG UND WAHRHEIT

Wenn man als Schriftsteller in einer Kleinstadt lebt – in einem Dorf oder in einer Großstadt wird's nicht sehr viel anders sein, und irgendwo muss man schließlich leben –, bringt das diplomatische Probleme mit sich. Die Schwierigkeit ist die, dass die Leute immer alles, was sie lesen, glauben wollen. Jede Kurzgeschichte, jede Novelle, jeder Roman muss sich im wirklichen Leben tatsächlich so ereignet haben, sonst sind sie enttäuscht. Denn wozu sollte eine Geschichte taugen, wenn sie gar nicht wahr ist? Ich verstehe das, ich bin als Leser genauso. Es fällt mir schwer, im Fänger im Roggen nicht den jungen Salinger zu sehen. Und wenn ich Tschechow lese, will ich wissen, ob er mit diesem unnützen Kunstmaler nun seinen Bruder meinte und mit jener ideal gesinnten Lehrerin seine Geliebte. Im Kino ist es das Gleiche. Da will ich für zwei Stunden daran glauben, dass sich Liebe, Mord und Totschlag echt und tatsächlich direkt vor meinen Augen abspielen; den Regisseur und den Kameramann will ich nicht sehen, und das Mikrofon soll ebenfalls nicht ins Bild hängen. Fürs Hinterfragen und Beurteilen ist hernach in der Kneipe noch genug Zeit.

Anders sieht es aus, wenn man sich am anderen Ende der Nahrungskette befindet. Seit ich vor fünfzehn Jahren mein erstes Buch in Umlauf brachte, laufe ich unermüdlich durchs Städtchen, in dem ich seit meiner Kindheit wohne, und schwöre bei jeder passenden und unpassenden Gelegenheit, dass alles erstunken und erlogen sei, was ich zu erzählen habe – und seit fünfzehn Jahren will mir keiner glauben, im Gegenteil: Meine Oltner Mitbürger sind wild entschlossen, immer alle meine Geschichten unbedingt für wahr zu halten. Stimmt das wirklich?, fragen sie, hast du echt mal einen steif gefrorenen Schäferhund auf der Bahnhofsbrücke gefunden und nach Hause getragen? Sag, wann war das, als dein roter Triumph auf dem Bahngleis stehen blieb und du dich mit einem Sprung in den Graben retten musstest? Und die kleine Blonde in der Geschichte mit dem Ruderboot, wie heißt die noch mal richtig?

Und wenn ich dann verlegen lache, die Augen verdrehe und darzulegen versuche, dass das alles frei erfunden sei und mein wirkliches Leben vergleichsweise ereignislos verlaufe, wofür ich dem Herrgott übrigens von

Herzen dankbar bin, lächeln sie mich drei Sekunden lang misstrauisch und ein wenig enttäuscht an. Und dann, es ist immer das Gleiche, lachen sie befreit auf, als hätten sie die rettende Lösung aus einer schwierigen Lage gefunden, stoßen mir den Ellbogen in die Rippen und sagen: Schon gut! Brauchst es mir nicht zu verraten!

Allerdings hat es seine Vorteile, dass meine Mitbürger den Unterschied zwischen Dichtung und Wahrheit leugnen – zum Beispiel den, dass jedes Mal, wenn ein Buch von mir erscheint, sie alle in die Buchhandlung laufen, um es zu kaufen, dann nach Hause zu tragen und dort ganz sorgfältig daraufhin zu lesen – richtiggehend zu scannen, ich weiß es schon –, ob sie selbst diesmal vielleicht auch drin vorkommen; dies halb hoffend, halb befürchtend. Und dann gibt's immer mal einen, der sich wiedererkennt in einer Figur – vorzugsweise in einer positiv besetzten, in einem Helden –, und der haut mir dann abends, wenn ich noch auf ein Bier in den Ratskeller gehe, auf die Schulter und sagt: Du Luuscheib, hesch mi verwütscht!* Das sind aber ganz gewiss immer jene, an die ich mit keinem Gedanken ge-

* *Du Schlawiner, hast mich gut getroffen!*

dacht habe, die ich womöglich noch nicht mal kenne, nie gesehen habe – und das ist schwierig in einem Städtchen von siebzehntausend Einwohnern. Sollte ich umgekehrt ausnahmsweise aber tatsächlich einen real Existierenden portraitiert oder auch mal karikiert haben, so merkt der das nie. Es ist sonderbar. Der Mensch erkennt sich nicht. Erstes Capus'sches Axiom. Der Mensch erkennt sich nicht, wenn man nicht seinen richtigen Namen, die Telefonnummer und womöglich auch noch gleich die Sozialversicherungsnummer hinschreibt.

Zuweilen hat es auch unangenehme Folgen, dass die Leute den Unterschied zwischen Dichtung und Wahrheit leugnen. Ich habe einmal eine Kurzgeschichte über eine Familie geschrieben, deren Kleinster ganz schlimm die Treppe hinuntergefallen ist und im Krankenhaus liegt. Als dann die Geschichte drei Jahre später in einer Zeitschrift erschien, habe ich mich monatelang kaum mehr ins Städtchen getraut, weil die Leute mich auf dem Gehsteig am Ellbogen festhielten und mir erschrocken zuraunten: Du meine Güte, das habe ich gar nicht gewusst mit eurem Kleinen, wie geht es ihm denn?

Und wenn ich dann unwirsch erwiderte, dass die Geschichte reine Fiktion sei, aus den Fingern gesogen, erstunken, erfunden und erlogen und darüber hinaus drei Jahre alt, weshalb unser Kleiner, selbst wenn er tatsächlich die Treppe hinuntergefallen wäre, in der Zwischenzeit ganz gewiss entweder wieder gesund oder aber gestorben wäre, was aber nicht der Fall sei, im Gegenteil erfreue er sich bester Gesundheit und befinde sich zurzeit im Kindergarten, wohin ich übrigens unterwegs sei, ihn abzuholen; man könne mich gern begleiten, falls man den Wahrheitsgehalt meiner Angaben überprüfen möchte – dann schauten mich die Leute mit großen runden Augen an und sagten: Schon gut, verstehe – aber gute Besserung, gell!

Es ist nichts zu machen, man muss sich damit abfinden. Ich halte es übrigens nicht für ausgeschlossen, dass das Phänomen meine Arbeit beeinflusst. Wenn ich beispielsweise vor der Aufgabe stünde, einen Katzenhasser zu portraitieren, der den Viechern nächtens mit dem Luftgewehr auflauert, würde ich wohl große Energie darauf verwenden, jede Verwechslung zwischen dem Autor und dem Portraitierten auszuschließen; das Gleiche gilt bei Themen wie Kleinstadtmief, Ehebruch und provinziellem Kretinismus in der Lokalpresse. Weil das aber Themen sind, die ich zu sehr liebe, um ihnen lebenslang zu entsagen, führt kein Weg daran vorbei, dass ich immer und immer wieder durchs Städtchen laufe und schwöre, dass alles erstunken und erlogen sei, was ich zu erzählen habe.

Übrigens, damit kein Missverständnis entsteht: Auch diese Litanei entbehrt jeder Grundlage und gehört ins schöne Reich frei erfundener Literatur. Der Beweis: Ich habe nie eine Geschichte geschrieben über eine Familie, deren Kleinster ganz schlimm die Treppe hinuntergefallen ist.

## DER KÖNIG VON OLTEN

Manchmal sagen mir die Leute, worüber ich eine Geschichte schreiben sollte. Darüber freue ich mich immer, und manchmal versuche ich es auch, aber meistens schreibe ich dann doch etwas anderes. Herr Zeltner zum Beispiel, dem ich oft auf meinem morgendlichen Gang zum Postamt begegne, empfahl mir kürzlich, etwas über den schwarz-weißen Kater der Familie Köpfli zu schreiben, der in sämtlichen Häusern der Altstadt ein und aus geht, als wäre er der König von Olten. Ich versprach, mir die Sache zu überlegen, denn Herr Zeltner ist der gütigste Stadtpolizist, den Olten je gehabt hat. Aber man soll nicht übertreiben: Natürlich ist Kater Toulouse nicht König von Olten, sondern einfach eine Altstadtkatze. Olten ist eine Demokratie und hat keinen König, höchstens ein paar Ungekrönte und solche, die sich dafür halten.

Da gibt es beispielsweise die Schwarzgeldbesitzer unter den Gewerbetreibenden, die im Café Ring Hof halten und mit den sagenhaften Gewinnen prahlen, die sie mit ganz, ganz schlauen Geldanlagen erzielen. Als Könige taugen sie aber nicht so recht, weil sie mit schöner Regelmäßigkeit ihr ganzes Schwarzgeld an Betrüger verlieren, worauf sie eine Weile recht kleinlaut sind und zu allem Elend noch nicht mal Klage erheben können, weil's halt eben Schwarzgeld war.

Dann gibt's da die ungekrönten, aber immerhin gewählten Häupter im Stadthaus. Manche von ihnen würden insgeheim wohl ebenfalls gern ein Krönchen oder Diademchen aufsetzen, aber dafür ist ihr Politalltag zu unsouverän. Die Gelben müssen sich bei den Roten beliebt machen und die Roten bei den Gelben, wenn sie wiedergewählt werden wollen; die Schwarzen haben's auch unbequem, denn sie sitzen nur mit einer Gesäßhälfte auf dem Stuhl, mit der anderen aber auf der Bank; die Grünen sind immer ein bisschen amtsmüde, obwohl sie kaum Ämter haben, oder vielleicht gerade deswegen; und die ungehobelten Kerle von der SVP kommen als Könige sowieso nicht in Frage.

Wenn ich einen Oltner krönen müsste, so wär's vielleicht der Mann, den ganz Olten als «Der Stripper» kennt. Er trägt ein Holzbein, einen mächtigen Schnurrbart und hat «B-o-r-n-to-be-w-i-l-d» auf die zweitvordersten Glieder seiner zehn Finger tätowiert. Eigentlich heißt er Werner Munzinger und ist ein Ururenkel von Josef Munzinger, dem größten Sohn unserer Stadt und ersten Finanzminister des jungen Schweizerischen Bundesstaates von 1848. Früher begegnete man dem Stripper auf Schritt und Tritt, zu jeder Tages- und Nachtzeit, in allen Gassen und auf sämtlichen Plätzen.

Wenn er die Schwingtür zum Dancing Hammer aufstieß, wusste der DJ, was er zu tun hatte. Er legte in Sekundenschnelle «Goats Head Soup» von den Stones auf, setzte die Nadel beim vierten Stück an und blendete ein: «Doo Doo Doo Doo Doo (Heartbreaker)». Während der folgenden 3,26 Minuten stakste der Stripper an den Rand der Tanzfläche, die aus einem kreisrunden Mosaikboden bestand, über dem sich eine Spiegelkugel drehte, und musterte streng die Tanzenden und alle anderen, die an den Tischen ringsum saßen. Wenn er jemanden entdeckte, der seiner Gesellschaft würdig war, setzte er sich dazu. Andernfalls stellte er sich am Tresen auf und wartete das Ende des Stücks ab, denn er wusste, dass der DJ – was er sonst nie tat – die Scheibe weiterlaufen lassen würde. In den folgenden acht Sekunden Stille, während denen es aus den Lautsprechern leise brutzelte, betrat der Stripper die Tanzfläche und nahm, während die ersten Takte von «Angie» liefen, die schönste Tänzerin in den Arm – und schön waren sie alle, die Drogenbräute 1974, du lieber Himmel, schön und gefährlich und geheimnisvoll wie tropische Blumen, und alle sind sie jung gestorben. Ihre kleinen Schwestern aber, die nur wenige Jahre später ebenfalls ins Gift gerieten, waren aus irgendeinem Grund weder schön, gefährlich noch geheimnisvoll, sondern einfach nur bemitleidenswerte dumme Hühner, die dauernd verprügelt wurden und sich für das Geld, das sie auf dem Strich verdienten, Waschpulver als Heroin andrehen ließen. Dafür haben sie aus irgendeinem Grund länger überlebt. Aber zum Schluss waren auch sie alle tot.

1974 waren sie noch schön, und der Stripper war ihr König. Als ich ihn kennenlernte, war ich ein Gymnasiästlein und er ein mächtiger Rocker mit Lederjacke. Wenn er im Ratskeller saß, konnte er unglaubliche Mengen Bier schlucken, und wenn es spät wurde, sprach er nur noch in Reimen. Ich erinnere mich, dass er einmal «Nichts für ungut, ein Bier ist kein Strohhut!» rief, ein anderes Mal «Gott sieht alles, nur nicht Dralles». Manchmal geschah es, dass er auf der Kneipentour irgendwo sein Holzbein verlor, dann konnte man ihn nachts um zwei auf einem Bein heimwärts hüpfen sehen. Und einmal war ich dabei, als der Stripper beim Warten aufs Taxi am Tresen eingeschlafen war und der ortsfremde Fahrer ihn zum Wagen schleppte; da aber der linke Fuß sich zwischen Messingstange und Tresen verkeilt hatte, blieb dieser samt Cowboystiefel an Ort und Stelle, während Fahrer und Stripper dem Ausgang zustrebten. Das Holzbein unter der Hose wurde lang und immer länger – und als es sich endgültig vom Leib löste, fielen der Stripper und sein Fahrer der Länge nach hin, und der ganze Ratskeller brach in brüllendes, jaulendes, winselndes Gelächter aus. Ich glaube, ich habe nie wieder so gelacht. Am folgenden Abend ließ sich der Stripper im Ratskeller ausgiebig feiern wegen seines bewusstlosen Husarenstücks. Der bedauernswerte Fahrer aber wurde im Städtchen nie wieder gesehen.

Kürzlich habe ich in Erfahrung gebracht, wie der Stripper zu seinem Holzbein kam. Im Sommer 1970 war's und kurz nach seinem zwanzigsten Geburtstag, als er in Jeans und schwarzer Lederjacke auf dem Sozius einer gut erhaltenen 650er Triumph Bonneville den Sustenpass hochbretterte und der Fahrer, welcher sein bester Freund war, in einer Linkskurve zu nah an die Felswand geriet. Übrigens war das Holzbein, das der Stripper nach längerem Krankenhausaufenthalt erhielt, nicht aus Holz, sondern aus hautfarbenem PUR-Weichschaum. Weil aber «PUR-Weichschaumbein» nicht so hübsch klingt wie «Holzbein», möchte ich weiter beim ungenaueren, aber bildhafteren Begriff bleiben.

Nach dem Unfall wurde der Stripper, der von Kindesbeinen an ein liebenswerter und freundlicher Mensch gewesen war, für ein paar Jahre zu einem der ganz bösen Buben im Städtchen. Man darf das nicht verschweigen, er wird es mir verzeihen. Abend für Abend soff und krakeelte er sich durch die Altstadtkneipen, stieg auf die Tische und verlangte, dass man die Rolling Stones spielte, und dann verdiente er sich seinen Übernamen, indem er sich aus nichtigstem Anlass die Kleider vom Leib riss. Und wenn sich in einer dunklen Gasse eine Gelegenheit ergab, prügelte er sich mit den anderen bösen Buben des Städtchens, bis Blut floss. Zum Auftakt der Badesaison schockierte er die Bürgersfrauen auf der Sonnenterrasse mit seinem Holzbein und einer neuen Tätowierung auf dem Rücken, die einen bunten Phallus in mindestens vierfacher Lebensgröße darstellte. Ein paar Monate später geschah es, dass er in zornigem Übermut nachts um halb eins einen anderen Nachtvogel ausraubte und in die kalte Aare warf, und zwar im April und während der Schneeschmelze, weshalb er wegen eventualvorsätzlichen Tötungsversuchs eine Weile ins Gefängnis musste.

Als er seine Strafe abgesessen hatte, war sein Zorn verraucht und der Stripper wieder der sanfteste Mensch im Städtchen. Das war ungefähr 1977. Erst wollte niemand dem wiedergefundenen Frieden trauen, aber dann liefen ihm plötzlich die Hunde hinterher, etwas später die Kinder und noch etwas später – auch das ist die Wahrheit – die Frauen.

Da er auf Bewährung frei war und sich seine früheren Methoden der Geldbeschaffung nicht mehr leisten konnte, nahm er aushilfsweise einen Job als Staplerfahrer bei der Oltner Lagerhausgesellschaft an und blieb dort hängen. Es muss während der Herbstferien 1979 gewesen sein, als ich ebenfalls im Lagerhaus jobbte, dass er mich erstmals bewusst wahrnahm. Er deutete auf das Reclam-Bändchen, das gelb aus der Brusttasche meiner Jeansjacke lugte, und sagte: «Student, wie?» Und dann trug er mir, da er natürlich trotz allem ein Bürgerssohn war, in getragenem Ton, mit viel Gefühl und ohne zu stocken Goethes Erlkönig vor. Wirklich wahr.

## LESEREISEN

«Schreib doch auch mal was über Lesereisen!», sagt mir der Zeitungsredakteur. Da hat er recht, das habe ich bisher sträflich unterlassen; in den letzten Jahren ist es ja geradezu Pflicht geworden, dass man als Autor launig Bericht erstattet über seine Lehr- und Wanderjahre durch deutschsprachige Lande. Erfahrungsgemäß besonders ergiebig sind Beschreibungen der Provinz und ihrer Bewohner, in denen der Dichter, gerade für einen Abend aus der Hauptstadt angereist, tapfer die Contenance bewahrt angesichts unfasslichen Hinterwäldlertums. Das ist immer sehr lustig zu lesen. Einigermaßen erstaunlich finde ich aber doch, dass die Begegnung mit dem Hinterwäldlertum die Dichter stets so unvorbereitet trifft; dabei ist es doch eine statistisch erhärtete Tatsache, dass fast alle Schriftsteller ihrer Herkunft nach selbst Landeier sind. Denn die Brutstätte aller Dichtkunst befindet sich, dieser schaurigen Tatsache müssen wir jetzt einfach mal ins Auge schauen, seit alters her weder in Wien noch in Berlin oder in Zürich, sondern in Brunsbüttel. In Leimbach. In Oberrohrdorf. Übrigens, dies zur Untermauerung, waren auch Tolstoj und

Tschechow Landeier, genauso wie Flaubert und Zola. Oder Schiller und Goethe. Ebenso Hamsun und meinetwegen Marquez und Updike und Dürrenmatt und überhaupt alle. Punktum.

Was nun die Lesereisen betrifft, so will ich nicht bestreiten, dass eine Lesung in der Wiener Nationalbibliothek oder an der Berliner Volksbühne eine feine Sache ist. Das richtige Leben aber eröffnet sich einem in Saalfelden. In Linz. In St. Pölten. Oder in Ried im Innkreis.

Ich will mich hier aus Zeitgründen auf Ried im Innkreis beschränken; niemals davor und danach hat sich mir der österreichische Nationalcharakter derart klar erschlossen wie in dem Augenblick, da der Verwalter des Kulturzentrums mir seinen Sohn vorstellte – einen wohlgeratenen, sympathischen und außerdem kunstinteressierten Zwanzigjährigen – und dabei folgende Worte gebrauchte: «Das ist mein Sohn, der Sebastian. Er ist leider Vegetarier; wenn er wenigstens schwul wäre!» Unnötig zu sagen, dass so ein Veranstalter immer ein volles Haus hinkriegt und dass das Publikum ein ausgesprochen wohlwollendes ist, mit dem man hernach noch lange beim Bier sitzen kann. An jenem Abend übrigens geschah es – am folgenden Wochenende standen Wahlen bevor –, dass eine junge Frau mir das Wesen österreichischer Politik verständlich machte, indem sie sagte: «Diesmal wähle ich die Kommunisten. Von denen kenne ich wenigstens keinen.»

Wenn man dann im Licht des nächsten Morgens in Ried im Innkreis unterwegs zum Bahnhof ist, entdeckt man ein hübsches kleines Städtchen und urbane, junge Einwohner, die Caffè latte trinken und Rucolasalat essen. Etwas außerhalb liegt das Puff, dessen ganze liebe Schäbigkeit in der Morgensonne wunderbar zur Geltung kommt, und noch weiter draußen eine nette kleine Buchhandlung, die «Bücherwurm» oder so heißt, und deren Gründer seit zwanzig Jahren tapfer die Stellung hält. Wenn man den um Lektüre für die lange Zugfahrt bittet, so verkauft er einem, weil man ja ein Auswärtiger ist und von nichts eine Ahnung hat, glücklicherweise das Gesamtwerk von Wolf Haas. Dann steigt man in den Zug und gibt sich der Hoffnung hin, dass auf dem Schienennetz der Österreichischen Bundesbahnen an jenem Tag gerade mal nichts anbrennt, lagert die Beine hoch und schlägt Haas' erstes Buch auf. Was will man mehr.

Apropos andere Schriftsteller: Immer wieder werde ich auf Lesereisen gefragt, ob ich denn Freundschaften mit anderen Schriftstellern unterhielte. Darauf weiß ich jeweils kaum zu antworten. Kann es denn Freundschaft geben unter Schriftstellern? Vermutlich schon. Sehr innig verbandelt miteinander sind auf alle Fälle viele, was nebst Synergien auch einen wichtigen Spareffekt mit sich bringt. Denn wenn ein Autor einen Autor zum Freund hat, braucht er keine Feinde mehr.

Freundschaften unter Schriftstellern? Du lieber Himmel! Gewiss, das Schulterklopfen ist groß, wenn sie einander begegnen auf der Frankfurter Buchmesse oder in Leipzig oder in der Alten Schmiede zu Wien. Da wird umarmt und geküsst und Bruderschaft getrunken, dass es eine Art hat. Ich will auch gar nicht bestreiten, dass die dergestalt manifestierte Zuneigung echt und berechtigt ist; denn entgegen der landläufigen Meinung sind wir Schriftsteller ziemlich freundliche und höfliche Menschen, sehen nicht wesentlich schlechter aus als der Landesdurchschnitt und sind als Gesprächspartner nicht mal besonders uninteressant. Darüber hinaus sind wir in aller Regel gesellig, trinken gern mal ein Glas, lachen viel und erzählen Geschichten.

Aber: Irgendwann hört der Spaß auf. Und zwar exakt in jenem Augenblick, da sich bei einem von ihnen der Erfolg einstellt. Das ist dann das Ende. Denn Schriftsteller wünschen einander nur das Allerbeste – gesunde Kinder, schöne und friedfertige Ehefrauen, Wohlstand und ein langes Leben –, aber nicht beruflichen Erfolg. Den wollen sie alle für sich alleine haben. Und zwar umso dringender, je länger er ausbleibt. Denn den Erfolg des anderen nimmt jeder Erfolglose als Symptom der eigenen Niederlage.

Auch das ist leider die Wahrheit: Nicht Erfolg verdirbt den Charakter, sondern Misserfolg. Erfolg macht freundlich, gelassen, großzügig. Misserfolg macht kleinlich, engherzig, futterneidisch. Der einzige Weg, um als Autor mit allen Berufskameraden auf gutem Fuß zu stehen, ist jener des totalen Misserfolgs. Aber dieser Weg ist ein hypothetischer, denn so erfolglos kann man gar nicht sein, dass nicht unter irgendeinem Stein ein noch erfolgloserer Dichter steckte.

*

Aber ich schweife ab. Eigentlich wollte ich etwas über Lesereisen erzählen. Unlängst war ich zu einer Lesung in St. Gallen eingeladen. Die Stadt ist mir unbekannt, denn sie liegt weit östlich von Olten, wo ich wohne, hingegen aber auch sehr weit westlich von Wien, wo ich mich unterdessen auch ein wenig auskenne. Die Lesung fand in einer hübschen kleinen Buchhandlung statt, die bis hinters hinterste Regal voller Publikum war, wozu nicht allzu viele Menschen nötig waren. Während meines Vortrags lachten die Leute oft und wohlwollend, wenn auch zuweilen an überraschenden Stellen. Danach führte mich der Buchhändler zu meinem Hotel. Ich nahm den Zimmerschlüssel mit, und dann gingen wir zusammen auf ein Bier in der Altstadt. Ich erinnere mich, dass ich mir zuvor noch das Aussehen des Hotels einprägte: graue Fassade, ein paar Fenster, gläserne Eingangstür. Nach drei oder vier Gläsern Bier war in der Kneipe Sperrstunde, und der Buchhändler und ich brachen auf. Ich verbat ihm, mich zum Hotel zu begleiten, da es ja gleich um die Ecke sei. Das stimmte auch. Aber kaum hatten der Buchhändler und ich voneinander Abschied genommen, stellte sich heraus, dass die Ecken der Häuser jetzt ganz anders aussahen als noch zwei Stunden zuvor. Ich bog um eine Ecke und dann um noch eine, aber da war kein Hotel. Dann noch einmal eine Ecke und noch eine – kein Hotel. Aber da! Da stand ein Hotel. Dessen Name sagte mir auf Anhieb nichts, aber sein Äußeres deckte sich mit meiner Erinnerung: graue Fassade, ein paar Fenster, gläserne Eingangstür. Weil ich aber doch leise Zweifel hatte, zog ich den Schlüssel aus der Tasche, um den Namen mit jenem auf dem Schlüsselanhänger zu vergleichen. Leider stand auf dem Anhänger nicht der Name des Hotels, sondern nur die Zimmernummer: 25. Ich setzte den Schlüssel am Türschloss an, stocherte und fluchte – der Schlüssel passte nicht. Also ging ich weiter.

Ich war kaum um zwei weitere Häuserecken gebogen, als ein extrem unauffälliges Kraftfahrzeug neben mir hielt. Dem Fahrzeug entstiegen zwei ganz und gar zivil gekleidete Herren, versperrten mir geschickt den Weg und stellten sich als St. Galler Stadtpolizisten vor.

«Würden Sie sich bitte ausweisen!», sagte der Ältere.

Leider trug ich keinen Ausweis bei mir. Die Herren nahmen das stirnrunzelnd zur Kenntnis.

«Darf man erfahren, was Sie hier tun!»

«Na ja – wieso?»

«Wir haben einen Hinweis erhalten, dass sich jemand an fremden Türschlössern zu schaffen macht.»

Da lachte ich freundlich und legte den Herren in beruhigenden Worten dar, welche Bewandtnis es damit hatte. Aber irgendwie schien ich meine Worte falsch gewählt zu haben, denn der misstrauische Gesichtsausdruck der zwei Herren steigerte sich zu hochgradiger Alarmiertheit.

«Wie heißt denn Ihr Hotel, wenn man fragen darf!»

«Das ist ja grad die Schwierigkeit, ich entsinne

mich des Namens nicht. Und auf dem Schlüsselanhänger steht er nicht. Hier bitte.» Ich zeigte den Herren den Schlüssel. Sie beugten sich über ihn, dann warfen sie einander ernste Blicke zu.

«Sie werden doch wissen, wie Ihr Hotel heißt!», herrschte mich der Ältere an. «Gibt's doch gar nicht!»

Ich gab mein Bestes, zermarterte mir das Gehirn. «Wenn ich mich recht erinnere, war's ein Vogelname … Papagei?»

«Hotel Papagei?»

«Genau!», rief ich, jetzt doch sehr erleichtert.

«Hotel Papagei gibt's in St. Gallen nicht.»

Betrübt standen wir alle drei auf dem Gehsteig. Der ältere Polizist musterte mich streng. Ich betrachtete verlegen meine Schuhspitzen. Der junge Beamte sah sich in der nächtlichen Straße um, ob da nicht ein Hotel mit Vogelname stehen möge.

«Hotel Papagei gibt's nicht, das ist richtig», sagte schließlich der jüngere Polizist. «Aber in der Wernergasse, da gibt's das Hotel Pinguin.»

«Pinguin!», rief ich. «Das ist's! Hotel Pinguin!»

«Ach ja?», sagte der ältere Polizist zweifelnd. «Wollen mal sehen. Steigen Sie ein. Hinten.»

Wir fuhren zum Hotel Pinguin. Es war gleich um die Ecke und kam mir recht bekannt vor – graue Fassade, ein paar Fenster, gläserne Eingangstür. Der Ältere blieb im Wagen sitzen und passte auf mich auf. Der Jüngere nahm mir den Schlüssel ab und ging zur Tür.

Leider passte der Schlüssel nicht.

«Was nun?», sagte ich.

Der Jüngere hob ratlos die Schultern.

«Wir müssen Sie wohl mit auf den Posten nehmen», sagte der Ältere.

Das war mir nun gar nicht recht. Ich wollte schlafen, und zwar nicht in einer Zelle, sondern in meinem Hotelzimmer. «Bitte noch eine Minute Geduld!», rief ich und begann Vogelnamen aufzuzählen: Hotel Graugans, Hotel Schwan, Hotel Kohlmeise, Hotel Albatros, Hotel Pelikan …

«Das gibt's in St. Gallen», sagte der Jüngere.

Wir fuhren hin. Der Schlüssel passte.

## ÜBER DIE LANGEWEILE DES REISENS

Weil zwei meiner Romane in Afrika spielen, einer in Mexiko und einer in der Südsee, fragen mich Journalisten gern, ob das Reisen für mich ein Quell der Inspiration sei. Ich sage dann immer: Nein. Überhaupt nicht. Meiner Ansicht nach ist das Reisen als literarisches Thema völlig ungeeignet, weil Schilderungen des Unterwegsseins, soweit ich weiß, stets eine Aneinanderreihung ziemlich banaler Beobachtungen und Ereignisse sind. Was erlebt der Reisende, während er unterwegs ist? Er kauft Fahrkarten, streitet mit Geldwechslern und sucht eine Unterkunft für die Nacht. Er isst rohes Gemüse und bekommt Durchfall, hat Sandflöhe unter den Zehennägeln und Malaria im Blut. Das ist alles sehr spannend, aber ziemlich uninteressant – selbst dann, wenn die besten Reiseschriftsteller der Welt darüber berichten. Wenn beispielsweise Bruce Chatwin, den ich sehr verehre, von afrikanischen Hotelbars berichtet, in denen grell geschminkte Damen herumlungern, oder von jugendlichen Halbstarken mit Kalaschnikows, denen man nicht bei Dunkelheit begegnen möchte, so erhalten diese doch eher schlichten Schilderungen ihre literarische Adelung erst durch die Reise von zehntausend Kilometern hin zum europäischen Leser.

Gewiss bekommt der Reisende nie gesehene Landschaften zu Gesicht und begegnet Menschen von fremdartigem Aussehen, die sonderbare Sprachen sprechen und unverständliche Bräuche pflegen. Aber lernt er auch wirklich etwas? Verhilft ihm das Unterwegssein zu Einsichten, die ihm nicht zugänglich gewesen wären, wenn er zu Hause im Wirtshaus hocken geblieben wäre? Die Antwort lautet: Nein. Der Reisende lernt gar nichts. Nicht, solange er unterwegs ist. Denn wo immer er hinkommt ist er ahnungslos wie ein Neugeborenes. Jeder Dorftrottel weiß besser Bescheid über sein Dorf als der klügste und hellsichtigste aller Neuankömmlinge. Gewiss, wenn der kluge Reisende seine Koffer in eine Ecke stellt und eine Weile ausharrt, wird er einiges über das Dorf lernen. Aber bis er den Kenntnisstand des Dorftrottels erreicht, wird es eine Weile dauern. Und da er seine Koffer bis dahin in der Ecke lassen muss, ist er dann eben kein Reisender mehr, sondern ein Niedergelassener.

Wenn nun der Reisende ein Schriftsteller ist, wird

sehr viel Zeit den Dorfbach hinunterfließen, bis die Schilderung seiner Fremde mehr ist als bloße Darstellung menschlichen oder landschaftlichen Dekors. Und bis er verstanden hat, wovon die Dorfbewohner träumen, bis er teilhat an ihrem kollektiven Erinnerungsschatz und weiß, was ihnen wichtig ist und was nicht, wird er längst kein Fremder mehr sein, sondern aufgenommen in die Dorfgemeinschaft. Und selbst wenn er sich, wie die Ethnographen es tun, für Monate und Jahre im Dorf niederlässt, ist es nicht ausgemacht, dass er Land und Leute tatsächlich kapiert. Bronislaw Malinowski, der Erfinder der teilnehmenden Beobachtung, wurde von seinen Argonauten des westlichen Pazifik noch und noch in den April geschickt, und Margaret Mead hat nach jahrelanger Forschung über Samoa ziemlichen Unsinn verbreitet. «Ich verabscheue Reisen und Forschungsreisen.» Mit diesen Worten eröffnet Claude Lévi-Strauss, der größte aller Forschungsreisenden, sein schönstes Buch, «Traurige Tropen», und fährt fort: «Trotzdem stehe ich im Begriff, über meine Expeditionen zu berichten.»

So bleibt der Reisende, ob er nun forscht oder nicht, ein Vorbeiziehender oder zumindest ein Neuankömmling, und als solcher wird er im Dorf nichts lieben und nichts hassen, sondern alles mit dem neutralen, empfindungsfreien Auge des Ethnographen aufnehmen. Gewiss ist es der Integration in ein Gemeinwesen förderlich und menschlich sehr angenehm, für jeden Verständnis zu haben, alles zu verstehen und sich sämtlicher Leidenschaften zu enthalten. Aber hilft es dem Schriftsteller, dem Künstler? Die Antwort lautet: Nein. Blaise Cendrars hat sinngemäß gesagt, es komme nicht so sehr darauf an, worüber man schreibe – wichtig sei nur, dass einen das Thema derart heiß mache, dass ein ordentliches Höllenfeuer entsteht, welches die Erzählmaschine so richtig unter Dampf setzt. Der kühle Verstand des Ethnographen aber steht nicht unter Dampf, im Gegenteil. Am fremden Ort gibt es erst mal nichts, was ihn zum Wahnsinn treibt, denn er ist neu hier und hat sich an den örtlichen Gegebenheiten noch nie den Kopf gestoßen. Er hat sich noch keine Blessuren geholt und keine alten, schlecht heilenden Narben vorzuweisen, die er jemandem zum Vorwurf machen könnte. Er hat noch keine verlorene Liebe zu betrauern, keinen alten Hass zu pflegen, keine Schmähung zu erwidern. Es steht ihm noch nicht zu, die Abschaffung überkommener Traditionen zu fordern oder die Geburt einer neuen Kultur herbeizusehnen, und er hat keine politische Mission und kein Recht, Gesellschaftskritik oder historische Aufklärung zu üben. Was also bleibt ihm? Nichts als kühles, freundliches, aber letztlich teilnahmsloses Beobachten. Das mag ethnographisch der richtige Ansatz sein, als literarischer Antrieb aber ist es fad. Die bloße Beschreibung des Fremden ist uninteressant. Als Beweis mag Alexander von Humboldts südamerikanischer Reisebericht genügen, für viele die Mutter aller Reiseliteratur, und der, wie Daniel Kehlmann sagt, schon bei seinem Erscheinen als «bestürzend langweiliges Buch über eine atemberaubend spannende Reise galt», weil es nichts weiter ist als die Summe einer geradezu leidenschaftlich leidenschaftslos betriebenen Sammelwut.

Das ist der Grund, weshalb ich das Reisen als literarischen Topos für ungeeignet halte. Aber wenn ich das im Interview sage, entgegnen mir die Journalisten mit mildem Vorwurf: «Joseph Conrad! Somerset Maugham! B. Traven!»

O ja, das waren große Reisende und große Schriftsteller (Conrad und Maugham gewiss, nur bei Traven wüsste man gern, welchen Anteil an seinem Gesamtwerk er tatsächlich selbst hat). Gemeinsam ist ihnen auch, dass sich die Helden ihrer Bücher auf allen Weltmeeren und sämtlichen Kontinenten herumtreiben. Aber Reiseschriftsteller sind sie deshalb noch lange nicht, denn die Reise ist eben gerade nicht das Objekt ihrer literarischen Betrachtung, sondern nur der Anstoß, der Vorwand für die Erzählung. Lord Jim ist nicht deshalb interessant, weil er den Indischen Ozean wie seine Westentasche kennt, sondern weil er den Fluch seiner feigen Tat nicht sühnen kann. Die Fahrt auf dem «Totenschiff» ist nicht deshalb so mitreißend, weil jenseits des Atlantiks die Aussicht auf mexikanische Landschaften lockt, sondern weil der Kohle schippende Matrose im Heizraum der Yorikke ein zeitloses Sinnbild für den rechtlosen Lohnsklaven im entfesselt barbarischen

Kapitalismus ist. Und Maughams Erzählungen über das britisch-koloniale Empire berichten nicht von Kautschukplantagen und regenverhangenen Dschungelgebirgen, sondern von den Dramen menschlicher Hörigkeit, dic sich dort abspielen.

Weder bei Conrad, Maugham, Traven oder sonst einem ernst zu nehmenden Schriftsteller ist das Unterwegssein wirklich das literarische Thema – es ist nur der Brennstoff, der unter der Erzählmaschine das notwendige Höllenfeuer entfacht. Wenn diese Autoren ihre Helden trotzdem so oft auf Reisen schicken, so hat das ganz handwerkliche Gründe. Schon Homer hat verstanden, dass es dramaturgisch günstig ist, seine Helden von Zuhause wegzuschicken und allerhand Abenteuer bestehen zu lassen. Odysseus macht sich von Troja auf die Heimreise, und dann geschieht etwas, dann noch etwas und noch etwas, und zum Schluss wartet Penelope auf ihn. Der Held bewegt sich in dreierlei Hinsicht: durch die Zeit, den Raum und durch die Geschichte. Und da es seine Geschichte ist, bleibt er, auch wenn er noch so viele Reisegefährten hat, immer einsam und unabhängig. Nur an ihm kristallisiert sich das Drama, das der Autor erzählen will – also muss er alles daran setzen, seinem Helden die notwendige Ellbogenfreiheit zu geben, damit dieser seine Abenteuer bestehen und seine Schicksalsschläge erdulden kann. Einmal auf Reisen, hat Odysseus alle Freiheit, sich mit dem Kyklopen Polyphem, der Zauberin Kirke und der Nymphe Kalypso zu befassen.

«Ha!», würden die Journalisten vielleicht an dieser Stelle einwenden, »dann ist das Reisen also Freiheit vom Alltag – und doch ein Quell der Inspiration!»

Da würde ich widersprechen. Zwar ist wohl wahr, dass Homers Odysseus keine Steuererklärung ausfüllen, sich nicht mit der Putzfrau zanken und auch keinen Parkplatz suchen muss. Hingegen kann man sich kaum vorstellen, dass der schöne Held in Tat und Wahrheit während der ganzen zehnjährigen Reise niemals Zahnschmerzen oder einen Riss in der Hose hatte. Selbstverständlich musste Odysseus die üblichen Banalitäten des Reisens absolvieren – Zöllner bestechen, Impfausweise fälschen, Drachmen in Pesos wechseln und die

Ruhr auskurieren –, nur berichtet Homer nicht davon. Das ist nicht sein Thema. Was er wissen will, ist etwas ganz anderes: Wie sein Held sich gegenüber roher physischer Kraft, weiblichem Liebreiz und göttlichem Zorn bewährt – das will er wissen. Die Reise an sich interessiert Homer nicht.

Dramaturgisch dient die Reise einem einzigen Zweck: den Helden zu isolieren, damit ihm im entscheidenden Augenblick nicht die Putzfrau in die Parade fährt oder die Schwiegermutter ihn zum Essen einlädt. Auf Reisen tritt der Held auf wie unter Laborbedingungen, auf einer kleinen, überschaubaren Bühne, mit einer überschaubaren Anzahl von Akteuren und meist mit einem gradlinigen, überschaubaren Ziel. Kann man sich als Erzähler eine komfortablere Position wünschen? A trifft unterwegs auf B, gerät mit ihm in C und muss dann D, worauf E eintritt und A und B gezwungen sind, einander gegenseitig … und zwar ohne dass der Schaffner jemals die Fahrscheine kontrolliert.

Genau so geht es zu – nicht nur bei Homer, auch bei neueren literarischen Reisenden. Marlow trifft auf

Kurtz, Lord Jim auf Seeräuber Brown, Michel Strogoff begegnet Iwan Ogareff und der schönen Nadja – und alle anderen, die in der Geschichte nichts verloren haben, sind gar nicht da. Und die Reise selbst? Ist nur Staffage. Sie dient lediglich dazu, Lord Jims Oma und Michel Strogoffs Lateinlehrer zuverlässig aus der Geschichte fernzuhalten. Das ist auch der Grund, weshalb der Tod auf dem Nil stattfindet und Hercule Poirot den Orientexpress immer weiterfahren und ja nicht anhalten lassen möchte: Damit kein Mordverdächtiger aus- und kein Unschuldiger zusteigen kann.

Die Reise gibt dem Helden und seinem Autor maximale Ellbogenfreiheit, sonst nichts. Das ist zwar viel, aber auch schon alles.

# SCHRIFTSTELLER SIND IRGENDWIE ALT

Unlängst ging ich mit zwei meiner Söhne in die Stadt, um Kaffee, Milch und Himbeerkonfitüre zu kaufen. Unterwegs hielt mich eine ältere Dame am Ellbogen fest und fragte: «Sind Sie nicht der Dings, der Schriftsteller?»

«Jawohl, Madame», antwortete ich höflich.

«Und die zwei hier?», fragte die Dame. «Sind das Ihre Enkelkinder?»

Es dauerte einen Augenblick, bis ich den Sinn der Frage erfasst hatte. Es war das erste Mal in meinem dreiundvierzigjährigen Leben, dass mich jemand so etwas fragte.

«Aber nein, Madame», antwortete ich, nachdem ich die Fassung wiedererlangt hatte. «Dies hier …«, ich deutete auf den Dreijährigen, «… ist mein Onkel Theobald.»

«Aha?»

«Und das …», ich wies auf den Fünfjährigen, «… ist Präsident Bill Clinton.»

Dann wünschten wir ihr einen guten Tag und gingen unseres Weges.

Leider war es nicht so. Leider antwortete ich der Dame nichts dergleichen. Leider fällt mir die einzig richtige Entgegnung stets erst Monate später ein. Die Wahrheit ist, dass ich wie ein Idiot der Dame den korrekten Sachverhalt darlegte. Wahr ist auch, dass meine Nachbarin Gaby, der ich die Sache auf dem Heimweg erzählte, meine Erschütterung überhaupt nicht verstand. «Ich meine, rein biologisch gesehen könntest du doch der Großvater sein, nicht wahr?»

Die Wahrheit ist schließlich, dass ich nach dieser Begegnung mit meinen zwei Nachkommen nach Hause lief, um mir von meiner Gattin Trost und Verständnis spenden zu lassen. Das tat sie denn auch. Sie versicherte mir, dass ich keinen Anlass zu Kummer hätte. Die Dame habe nämlich nicht mich als Mann gesehen, sondern nur den Schriftsteller. Und Schriftsteller, das sei nun mal so, stelle man sich eben immer irgendwie alt vor.

Und dann tätschelte sie mich wie einen Hund.

## SOHNESPFLICHT

Wenn einer ein Buch schreibt und dieses durch eine Verkettung sonderbarer Umstände auch noch gedruckt wird, sollte er eines nicht tun: ein Exemplar seiner Mutter schenken. Natürlich muss er es tun, weil das Sohnespflicht ist und sich so gehört. Aber es bringt nur Ärger. Für alle. Ich weiß, wovon ich rede.

Seit ein paar Tagen ist mein neuestes Buch im Handel. Mein siebtes. Es ist jedes Mal ein schöner Augenblick, wenn mir die Post das allererste Exemplar frisch ab Druckerei ins Haus bringt. Das stecke ich mir in die Tasche und gehe auf einen Sprung ins «Stadtbad», präsentiere es mit verschämtem Stolz meiner Lieblingswirtin Esther und lasse mich für meinen Fleiß loben, und dann bringe ich es zur Post und schicke es meiner Mutter.

Jedes Mal.

Dann warte ich auf ihren Anruf, der leider nie lang auf sich warten lässt. Einen Tag vielleicht, oder zwei. Dabei weiß ich immer schon im Voraus: Es wird ihr nicht so richtig gefallen. Sie wird in großer Sorge um mein weiteres Fortkommen sein. Das Buch wird schlechte

Kritiken bekommen, die Leute werden es nicht kaufen. Mein Broterwerb ist dahin, ihre Enkel werden hungern.

In dieser Gemütslage ist sie jedes Mal, wenn sie das Buch ausgelesen hat und mich anruft.

«Also weißt du, hmhm, musste das sein? So ein Krimi ist doch albern.»

«Das ist doch kein Krimi, Mama.»

«Aber die Sprache …»

«Was ist mit der Sprache?»

«Auf Seite 197 steht ‹Gottverdammich›.»

«Und?»

«Dreimal steht da Gottverdammich. Das ist mir peinlich.»

«Manchmal sagen die Leute halt Gottverdammich, Mama.»

«Aber du doch nicht!»

«Nein», gebe ich zu. «Außer manchmal.»

So geht das jedes Mal. Groß ist der Kummer, fürchterlich die mütterliche Sorge. Bis dann die ersten Kritiken erscheinen – dann gibt's Licht am Ende des Tunnels. Und wenn ich erst noch im Fernsehen komme, ist alles wieder in Ordnung. «Bub, ich bin stolz auf dich! Aber dein Hemd!»

«Was ist mit dem Hemd?»

«Das war doch nicht gebügelt!»

Wirklich, ich schwör's: Beim nächsten Buch wird alles anders.

## DICHTUNG UND SCHNAPS

Gelegentlich kommt es vor, dass der Autor und sein Verleger zusammen einen Schnaps trinken, wenn sie mal wieder ein Buch ausgeheckt haben. Vielleicht ist das Manuskript schon im Satz, und der Grafiker hat drei oder vier Cover-Entwürfe abgeliefert, die jetzt ausgebreitet auf dem Tisch liegen. Dann bringt der Verleger ein heikles, schon mehrfach diskutiertes Thema zur Sprache.

«Lass uns noch ‹Roman› vorne drauf schreiben. Gleich unter dem Titel. Die Kundschaft mag das. Sag ja, gib dir einen Ruck. Ist gut für den Verkauf.»

«Lieber nicht», sagt dann der Autor, den das Gewissen quält. «Das Buch ist ja kein richtiger Roman.»

«Sondern?»

«Was anderes.»

«Was denn?»

«Jedenfalls kein Roman.»

«Ein Sachbuch vielleicht?»

«Man soll den Leser nicht anlügen.»

«Weshalb soll das hier kein Roman sein?»

«Ach, du weißt schon. Ein Roman ist doch mit

Figurenzeichnung und Plot und Spannungsbogen und so.»

«Und?» Der Verleger wedelt mit beiden Händen über die Cover-Entwürfe. «Hast du etwa keine Figuren gezeichnet?»

«Schon, aber …»

«Keinen Bogen gespannt?»

«Gewiss.»

«Keinen Plot entwickelt?»

«Ja …»

«Na also! Wir schreiben Roman vorne drauf! Kein Problem, hab dich nicht so.»

«Aber weißt du, ein Roman ist doch …»

«Fiktion, wie?»

«Genau. Ein Roman ist erfunden. Wenn's nicht erfunden ist, soll man nicht ‹Roman› drauf schreiben.»

«Erfinden, erfinden», sagt der Verleger und streicht sich mit beiden Mittelfingern die Brauen glatt. «Kennst du einen Autor, der jemals etwas erfunden hätte? Fräulein, noch zwei Birnenschnäpse! Ich meine: wirklich erfunden? Aus der leeren Luft gepflückt?»

«Natürlich nicht», gibt der Autor zu. «Wie sollte das auch gehen, ist ja klar. Ich meine nur …»

«Keiner hat jemals was erfunden. Ich sage nur: Thomas Mann – Buddenbrooks!»

«Was ich gerne möchte …»

«Tschechow! Seine Ärzte, die Lehrerinnen!»

«Gewiss doch, Franz.»

«Updike! Frisch! Salinger! Frantzen!»

«Lass mal gut sein, Rudi.» (Der Verleger heißt mit Vornamen Franz oder Rudi, eventuell auch Robert oder Hans.) «Ich möchte dir nur mal ganz kurz …»

«Joseph Roth! Hamsun! Die Jelinek!»

«Wieso denn jetzt die Jelinek?»

«Wieso nicht die Jelinek?»

«Egal.» Jetzt ist es am Autor, sich mit beiden Mittelfingern die Brauen glatt zu streichen. «Lass mich einfach mal erklären, was ich gern machen würde. Ich würde sehr gern mal einen kompletten Roman mit allem Drum und Dran schreiben, der von Anfang bis Ende ausschließlich aus Fakten besteht. Verstehst du? Einfach nur aus Fakten. Eine Geschichte erzählen, deren Handlung sich genau so und nicht anders zu einer ganz bestimmten Zeit tatsächlich zugetragen hat, zwischen Menschen, die es wirklich gegeben hat, an einem Ort, den man zweifelsfrei identifizieren und besichtigen kann. Verstehst du? Einfach nur Fakten. Die Psychologie der Figuren, jedes Detail der Kulissen, alles, was passiert – einfach nur Fakten. Eine wirklich wahre Geschichte, verstehst du?»

«Na ja, gut», brummt der Verleger. «Wenn man dann ‹Roman› vorne drauf schreiben kann … aber wozu soll das gut sein?»

«Der Leser will doch glauben, was man ihm erzählt. Und ich will, dass er mir glaubt. Ich will mich hinstellen und schwören können, dass meine Geschichte von A bis Z wahr ist. Weshalb sollte ich sie sonst erzählen? Wobei gegen einen kleinen Meineid nichts einzuwenden ist, das will ich gern zugeben. Ich will nicht, dass bei meinen Geschichten das Mikrofon ins Bild hängt. Ich will meine Helden nicht schminken, und wenn sie geschminkt sind, soll das der Leser nicht sehen. Ich will, dass die Leute beim Lesen meiner Bücher lachen und weinen, aber sie sollen sich keine Gedanken über die Montagetechnik machen müssen. Leider gelingt es selten, eine Geschichte durchgängig mit Gewissheiten zu gestalten. Fast immer muss man Behauptungen zu Hilfe nehmen, weil dieser oder jener dramaturgisch wichtige Mosaikstein fehlt und weiße Flecken übrig bleiben. Allerdings habe ich die Erfahrung gemacht, dass viele fehlende Mosaiksteine durchaus zu finden sind, wenn man nur fleißig genug nach ihnen sucht. Weil es in der Logik der Sache liegt, dass sie da irgendwo sind.»

«Schön und gut», sagt der Verleger und macht ein schlaues Gesicht. «Stellt sich doch aber jetzt schon grundsätzlich mal die Frage, was Wahrheit überhaupt heißt.»

«Nein, diese Frage stellt sich nicht.» Der Autor wird jetzt ungeduldig. «Das weiß jeder, was eine wahre Geschichte ist und was nicht. Wir wollen hier kein Proseminar in Erkenntnistheorie abhalten. Wahr ist eine Geschichte, wenn sie sich genau so zugetragen hat oder zugetragen haben könnte. Hin und wieder mag es vorkommen, dass man dies oder das im Konjunktiv erzählen muss. Auch für wahre Geschichten im Konditional hat der Leser Verständnis. Hingegen reagiert er mit Ablehnung, wenn er Unwahrheit wittert. Unwahr ist eine Geschichte, wenn der Erzähler aus Gründen der Eitelkeit, Unaufrichtigkeit oder handwerklichen Unzulänglichkeit versagt. Unwahr sind zum Beispiel alle Geschichten, die von jungen hübschen Leuten handeln, die in Berlin leben, keiner beruflichen Tätigkeit nachgehen, gelegentlich Sex haben und Drogen nehmen, ansonsten aber den lieben langen Tag seufzend ihren Kühlschrank betrachten und hin und her überlegen, ob sie mal eben nach Island oder nach Marokko fahren sollen.»

«Mein Lieber, du kommst ja richtig in Fahrt!», schmunzelt der Verleger. «Fräulein, noch zwei Schnäpse!»

«Versteh mich nicht falsch», sagt der Autor. «Dass jeder Künstler narzisstisch ist, kann man ihm nicht verdenken. Besonders, wenn er noch jung ist. Aber wenn er schlau ist, begreift er, dass die Lebenszeit des Lesers zu kurz ist, als dass er sich Abende lang mit der Seelenlage eines Stipendienempfängers befassen könnte.»

«Ganz wie du meinst. Aber immerhin gab's mal die Moderne und die Postmoderne, da kann man doch nicht ...»

«Bitte, Klaus, lass uns nüchtern bleiben. Ich will keine Preisträgerprosa schreiben, und ich will mich nicht hübsch machen müssen für die Zeitungsschreiber und die Infotainment-Tanten vom Fernsehen. Ich will Dinge erzählen, die ich für wahr und wichtig halte, und ich will, dass meine Erzählungen im Dienst des Guten stehen. Nein, auch diese Frage stellt sich nicht. Ich will Erzählungen schreiben, die von Belang sind; und deshalb halte ich es für unverzichtbar, dass unsereiner sich gelegentlich mal vom Anblick seines Kühlschranks losreißt und aus dem Küchenfenster Ausschau hält, was draußen eigentlich so vor sich geht.»

«Verstehe», brummt der Verleger. «Aber die Ästhetik? Der Künstler?»

«Selbstredend ist der Autor kein Plotist und erwacht die Erzählung erst zum Leben, wenn der Dichter ihr seine Seele einhaucht. Aber der Autor soll nicht dem Irrtum verfallen, in der Literatur sei er selbst das

Ereignis. Die Welt ist das Ereignis, unsereiner gibt sie nur wieder. Die Welt ist ein ganzes Stück schöner, komischer und tragischer als jede Dichterseele.»

«Das hast du jetzt schön gesagt.»

«Übrigens muss ich jetzt unbedingt etwas essen, sonst nimmt das hier ein böses Ende.»

«Fräulein, die Speisekarte! Und noch zwei Schnäpse! Also, was jetzt: Schreiben wir Roman vorne drauf oder nicht?»

# WIMPERNSCHLÄGE DES GLÜCKS

Ich kenne keinen Autor, der seine eigenen Bücher so richtig gut findet. Natürlich ist es etwas Feines, wenn die ersten Exemplare frisch aus der Druckerei kommen oder wenn ein Zeitungsschreiber einen über den grünen Klee lobt. Aber abends, wenn wir allein zu Hause sind und uns unbeobachtet fühlen, neigen wir doch alle zweifelnd den Kopf zur Seite und legen uns tröstend die eigene Hand an die Wange. Na ja, mein Lieber, sagt man zu sich selbst, da hast du ja wieder mal was zusammengestiefelt; hoffentlich kommt dir keiner auf die Schliche. Ja doch, so gut wie das letzte Buch vom Dingsda, der in der Presse dermaßen hochgejubelt wird, ist deins schon lange. Aber willst du dich wirklich an dem messen? Jetzt mal ehrlich: Reicht's nicht langsam mit den Fingerübungen? Willst du nicht endlich mal was Richtiges machen? Getraust dich nicht, wie?

So geht das immerzu. Gewiss gibt es Augenblicke während des Schaffens, da man euphorisch wird und sich für den größten lebenden Dichter unter der Sonne hält; oder den Moment stiller Genugtuung, wenn man das Manuskript an den Verlag geschickt hat und mit ruhiger Zuversicht auf das Urteil des Lektors wartet. Aber das sind Wimpernschläge des Glücks, die stets rasch abgelöst werden von Ewigkeiten der Ungewissheit und des Selbstzweifels. Und dann liegt man im Dunkeln, verfolgt die Schlieren weißen Scheinwerferlichts an der Decke und wundert sich, dass es auf dieser Welt immer und immer wieder ein paar tausend Leute gibt, die zwanzig Euro für ein Buch zahlen und die das dann auch noch lesen.

Wenn man noch jünger ist, behilft man sich mit dem Gedanken, dass das alles ja noch nicht das Eigentliche war. Das erste, das zweite und das dritte Buch? Fingerübungen. Etüden. Gesellenstücke. Aber das eigentliche Buch, das Opus magnum – also der kraftvollste und aufrichtigste Beweis, dass man gelebt haben wird –, dieses Buch wird man irgendwann einmal schreiben, wenn die Zeit reif ist.

Aber diese Zeit vergeht. Man schreibt sein viertes Buch, dann ein fünftes und ein sechstes. Ich selbst habe unlängst mein siebtes abgeschlossen, und weil schon seit einiger Zeit in meinem Kopf die Anfangssätze meines nächsten Romans in Endlosschleife widerhallen, werde ich mich wohl bald hinsetzen und loslegen. Ich werde mein Bestes geben, werde ein Jahr lang oder zwei Tag und Nacht brüten und schreiben und feilen und kürzen. Hin und wieder werde ich den einen oder anderen von den Schriftstellerfreunden treffen, und dann werden wir einander fragen: Und? Wie läuft's mit der Arbeit? Und dann werden wir einander versichern, dass wir ganz flott vorankommen.

Aber eines weiß ich jetzt schon: das Opus magnum wird's nicht werden. Auch diesmal nicht. Ein hübsches Buch vielleicht, ganz nett, und ein paar Dinge werde ich wirklich raffiniert hingekriegt haben. Die Leser und die Zeitungen werden mich hoffentlich großmehrheitlich loben, und ich werde mich ein wenig schämen und darüber wundern, dass keiner dahinterkommt, was für eine handgenagelte Bretterbude hinter der glitzernden Fassade steckt.

Vielleicht liegt da die Schwierigkeit: Unsereiner hat die Bretterbude selbst zusammengenagelt, deshalb wissen wir Bescheid und lassen uns nicht blenden. Und natürlich liegt auch Hochmut in der Hoffnung, dass der adäquate Ausdruck unserer Seele nicht eine Bretterbude, sondern mindestens so was wie das Tadsch Mahal sein müsste. Aber hoffen darf man doch. Und so schreibt man ein Buch ums andere, eine Fingerübung folgt der nächsten, bis man dann mal tot vom Stühlchen fällt und feststellt: Hoppla, all diese Fingerübungen zusammengenommen – das ist doch eigentlich ein ganz ordentliches Lebenswerk.

Alex Capus, geboren 1961 in Frankreich, lebt in der Schweiz. Er begeistert mit seinen Romanen und Erzählungen Publikum wie Kritiker gleichermaßen. Zuletzt erschienen von ihm im Knaus Verlag der Roman *Eine Frage der Zeit* sowie der Band *Himmelsstürmer. Zwölf Portraits.* Seine Bücher sind in mehr als zehn Sprachen übersetzt.

# INHALT

Die in diesem Band erstmals versammelten Texte sind 2002–2009 in verschiedenen Zeitungen, Zeitschriften und Anthologien erschienen.

Sonderausgabe

Umschlaggestaltung: Jana Cerno, München
Gesetzt aus der Minion Pro Regular 10/15 pt
Druck und Einband: Friedrich Pustet KG, Regensburg
Das FSC-zertifizierte Papier *EOS* liefert Salzer, St. Pölten
Alle verwendeten Materialen entsprechen alterungsbeständiger Qualität, die Papiere sind chlor- und säurefrei.
Printed in Germany
ISBN 978-3-8135-0351-7

www.knaus-verlag.de